L 27
n. 19640.

NOTICE BIOGRAPHIQUE

DE

NICOLAS TIFFEREAU

UN DES PLUS GRANDS CULTIVATEURS DE LA VENDÉE

PARIS

GAILLARD, IMPRIMEUR-LITHOGRAPHE

8, RUE COQ HÉRON.

1862

NICOLAS TIFFEREAU

(78 ANS)

GRAND CULTIVATEUR VENDÉEN.

Avenue de Neuilly, 150.

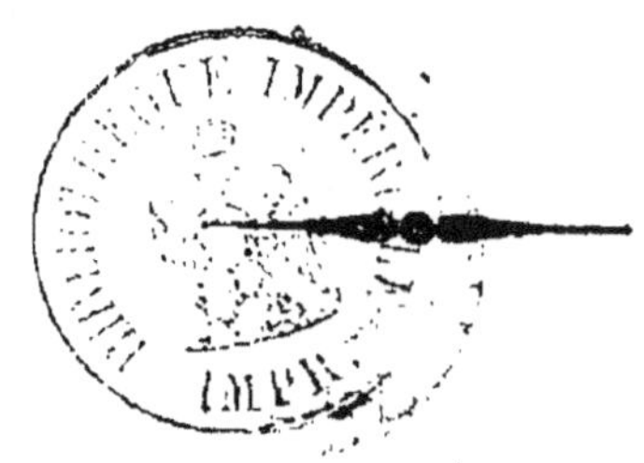

J'ai été maire, adjoint, conseiller municipal, tour à tour, 46 ans ; capitaine de garde nationale, 12 ans ; électeur du grand collége de la Vendée, un des plus grands cultivateurs de cette contrée (de père en fils), ayant toujours employé 150 à 160 ouvriers cultiva-teurs ; membre de plusieurs sociétés d'agriculture, et notamment de celle de Paris ; négociant, armateur et possesseur de plusieurs navires.

J'ai été l'inventeur d'instruments d'agriculture applicables au sol de ma contrée. J'ai appris aux habitants à se servir de la faulx. J'allais dans différentes contrées visiter des fermes modèles, y portant mes idées d'amélioration dans l'agriculture, et je rapportais dans mon pays ce qui pouvait être avantageux.

C'est moi qui le premier ai cultivé la pomme de terre et la bette champêtre en grand, ce qui est d'une utilité incontestable pour les habitants et les animaux. J'ai le premier aussi cultivé le colza dans mon pays, j'en ai fait certaines années 35 à 40 hectares, dans les récoltes abondantes.

C'est à moi que l'on doit la pêche de la sangsue; j'ai déterminé, non sans peine, les habitants de la Vendée à s'en occuper; la première fois que je leur en ai parlé, ils m'ont dit : « Bourgeois, que ferions-nous des sangsues? » Ce à quoi je répondis : « Je vous les achèterai. » J'en ai acheté, en effet, des centaines de milliers que j'expédiais sur différents points, ce qui a fait la fortune de bien du monde.

La culture de la pomme de terre, celle de la bette champêtre, du colza et la pêche de la sangsue, sont une richesse réelle pour le pays.

On me voyait parmi les ouvriers, les instruments d'agriculture en main, leur montrant moi-même comme il fallait s'y prendre. Au milieu de nombreux moissonneurs, en face de récoltes abondantes, je voyais des figures rayonnantes de joie, je leur disais : « Mes amis, c'est le fruit de notre travail; la sueur tombée de notre front a fécondé la terre, nous en sommes récompensés, Dieu veut que tout ce qui m'entoure soit heureux. Deux jours plus tard j'étais à la Bourse de Bordeaux, à la Rochelle, à Nantes et sur différents marchés, traitant des affaires de commerce de tous genres. L'on me voyait le lendemain à bord des navires pour les faire charger et décharger; de là, j'allais au conseil municipal, m'efforçant de faire admettre ce qui était dans les intérêts généraux.

J'ose affirmer que pendant 45 ans de ma vie, il ne s'est pas écoulé 48 heures sans que j'aie été occupé, soit d'intérêts de commune, d'agriculture, de commerce, de constructions de tous genres, à visiter de nombreux troupeaux de toute espèce, examinant l'état de leur santé et pourvoyant à leur nourriture. J'ai fait faire des progrès immenses à l'agriculture, au commerce et à l'industrie. J'ai employé tous les corps de métiers. J'ai été dévoué à ma patrie et aux malheureux, qui ont trouvé en moi un remède à leurs maux. J'ai été généralement estimé. La pensée de l'emploi de cette longue carrière me rend heureux.

Je suis possesseur de tous ces titres; si quelque personne ou quelque autorité doutait de la sincérité de mon exposé, elle pourrait s'adresser à M. le maire de la ville de Neuilly, qui a pris lecture de mes titres avec beaucoup d'attention; si quelqu'un croyait avoir intérêt à les voir, sachant que cela pourrait lui être de quelque utilité, je me ferais un vrai plaisir, les pièces en main, de le tirer d'incertitude.

J'aurais pu donner de grands détails sur l'agriculture pratique, mais ils deviendraient trop étendus pour le cadre restreint de cette brochure. Je me bornerai à émettre des idées capables, je le crois, d'améliorer et de faire avancer l'agriculture. La terre fournit tout ce qui est nécessaire à la vie de l'homme, plus elle est cultivée et plus elle produit. Dans ce moment elle ne donne que moitié de ce qu'elle pourrait produire, faute de cultivateurs. L'agriculture existe depuis que les hommes existent. Il s'est écoulé des milliers de siècles, et l'agriculture est encore dans l'enfance.

J'ai toujours pensé que l'agriculture en théorie avait retardé l'agriculture pratique. Le gouvernement a fait des sacrifices immenses pour l'agriculture, et ils n'ont pas eu les résultats auxquels on s'attendait. L'agriculture en théorie avait promis des résultats immenses, et n'a rien donné. Cinquante fois dans ma vie, j'ai vu des personnes, des savants de bonne foi qui ont voulu faire de l'agriculture pratique à leur compte, qui n'ont rien fait de bon, et beaucoup se sont ruinés ; espérons que l'avenir sera plus heureux; la découverte de la vapeur et des puits artésiens donne des espérances fécondes. La vapeur a déjà fait son apparition sur les progrès de l'agriculture, les puits artésiens sont appelés à amener beaucoup de ces améliorations.

La découverte des puits artésiens est la plus riche

qu'on ait faite dans les siècles passés et qu'on fera peut-être dans les siècles à venir pour l'agriculture. Combien de contrées qui sont arides, combien de terres incultes deviendraient fertiles ! Combien de récoltes de tous genres, combien d'animaux utiles, combien de gibier qui se multiplieraient et viendraient en aide aux besoins de la consommation ! Hommage à l'État qui en ce moment fait exécuter dans plusieurs endroits de notre Algérie des sondages pour faire jaillir des eaux artésiennes. Plusieurs travaux ont déjà produit les meilleurs résultats, une eau limpide et salubre sert déjà à l'irrigation dans les endroits autrefois les plus arides. Il serait à désirer que pareilles choses se fissent dans la France même, dans les contrées ardues et peu fertiles comme la Sologne et les Landes.

Les eaux artésiennes sont indistinctement bonnes pour l'agriculture, car celles des puits de Grenelle et de Passy sont considérées pour être les meilleures. L'eau du puits de Passy est d'abord excellente pour le poisson, car des essais ont été faits et le poisson s'y plaît parfaitement bien. Il serait même nécessaire de faire de pareils essais sur les plantes.

Une autre chose également digne d'attirer l'attention des cultivateurs est l'avantage de cultiver avec des bœufs quand le terrain le permet. Le bœuf prend de la valeur en vieillissant, tandis que le cheval perd de la sienne. Celui-ci coûte beaucoup plus à nourrir que le premier ; le bœuf donne plus d'engrais que le cheval ; les harnais et l'entretien du cheval sont beaucoup plus coûteux que ceux du bœuf. Deux courroies suffisent pour l'atteler, et s'il lui arrive un accident on ne perd qu'un cinquième de sa valeur ; s'il en arrive autant à un cheval, on le perd tout entier. La culture faite avec des bœufs donne de grandes quantités de résidus à la consommation. Le cultivateur en tire de grands avantages. En réservant les chevaux au service de la cavalerie, des voitures, des chariots de toute espèce, on augmente l'activité de ces transports, pour lesquels les chevaux manquent journellement.

Le gouvernement a fait de grands sacrifices pour l'amélioration des viandes, et ses efforts ont eu le meilleur résultat. Les concours d'animaux qui ont eu lieu depuis quelques années ont donné des avantages immenses et livré une grande quantité de viandes en plus à la consommation, surtout depuis le règne de Napoléon III. Les récompenses accordées à ce sujet ont réveillé l'amour-propre chez les nourrisseurs et, qui mieux est, ont eu pour résultat de produire des animaux supérieurs dus à des croisements judicieux de diverses races.

Il serait à désirer que le gouvernement attirât dans les campagnes, au moyen de sacrifices, les ouvriers inoccupés des grandes villes qui avaient quitté l'agriculture pour se jeter à corps perdu dans les travaux dirigés par la vapeur. Ils avaient laissé leur vieux père et leurs jeunes frères trop faibles pour cultiver la terre; la vapeur, qui s'est répandue sur tous les points du globe, peut fabriquer en trois mois les produits nécessaires à tous les besoins de l'année, et pendant neuf mois il y a des centaines de milliers d'ouvriers inoccupés et dans la misère, tandis qu'ils rendraient des services immenses à l'agriculture, et à eux-mêmes le bonheur qu'ils ont laissé dans leurs familles. De là s'ensuivrait que l'agriculture pourrait donner la nourriture à des prix modérés. Il en résulterait que les locaux inhabités que ces ouvriers occupaient dans les villes feraient baisser le prix des loyers.

Pour apporter une grande amélioration à l'agriculture en France, le gouvernement devrait faire venir de tous les pays des cultivateurs pratiques, des hommes entendus, dans nos fermes modèles. L'agriculture du Nord et celle du Midi sont différentes entre elles et diffèrent aussi de celle de France. Il existe en Hollande et en Belgique une agriculture supérieure à la nôtre. Leurs instruments, adaptés à l'application de l'agriculture, dans nos fermes modèles, se trouveraient en même temps des écoles dans lesquelles tous ces agriculteurs cultiveraient à la mode de leur pays. L'on verrait la culture la plus productive. Les hommes venus de tous les points du globe pourraient apporter des semences et des plantes qui seraient d'un grand produit en France. Tout ce qui serait reconnu pour n'être pas avantageux serait mis de côté, et l'on s'attacherait à tout ce qui pourrait être bon. Dans les différents voyages que j'ai faits pour visiter les fermes modèles ou de grandes exploitations agricoles, l'agriculture la mieux soignée que j'aie remarquée est dans l'établissement des Trappistes, notamment à la Meilleraye, près de Nantes, où il y a des religieux de tous les points de la terre et des hommes de toutes les classes. Là chacun continue l'état qu'il professait dans son pays. Le travail qui rapporte le plus d'avantages est celui que l'on conserve ; tous ces travaux sont soignés avec une supériorité extraordinaire, je n'ai jamais vu d'agriculture aussi productive. Tous les produits qui sortent de l'établissement ne laissent rien à désirer ; j'ai vu des animaux de toute espèce et une vacherie comme il n'y en a pas en France. Cet établissement serait capable de servir de modèle à toute l'Europe.

Dans les améliorations que j'ai apportées à l'agriculture dans ma contrée, j'ai été aidé par un Hollandais, M. Van Castel, un des plus grands cultivateurs de la Hollande que j'avais souvent chez moi, et par M. François Kampis, de la Belgique, qui était le plus capable en culture de sa contrée. Il était des environs de Bruges, et l'un des hommes les plus versés dans toutes les sciences. Il a été mon homme d'affaires pendant de longues années. J'avais fait venir

de Hollande et de Belgique des instruments d'agriculture perfectionnés, et je m'en suis servi pendant
trente-cinq ou quarante ans. Des instruments sem-
blables ont eu les premiers prix à l'Exposition uni-
verselle de Paris en 1855. En me servant ainsi moi-
même, j'ai désiré que mes peines et mes dépenses
fussent profitables à mon pays.

Dans les nombreux voyages que j'ai faits, je me
suis toujours plu à visiter les divers musées de pein-
ture et notamment ceux du Louvre et du Luxembourg;
j'ai été étonné de n'y rencontrer aucune trace de
tableaux représentant les grands corps d'exploitation
d'agriculture.

Je me suis dit alors que l'agriculture, cette source
principale de la prospérité publique, semblerait donc
bien peu méritante, pour qu'aucun peintre, jusqu'à
cette époque, ne lui ait consacré ses pinceaux et que
la pensée n'en soit pas même venue aux notables des
arts et des sciences.

Je le regrette d'autant plus vivement que l'agriculture, depuis si longtemps dédaignée, formerait, sous
la palette d'un peintre de mérite, un admirable
tableau destiné fructueusement à l'enseignement
des personnes qui ne connaissent pas l'agriculture
dans son harmonieux ensemble.

Il serait à désirer que le gouvernement fît faire des
tableaux représentant des grands corps d'exploitation d'agriculture, dans tous leurs détails. On y trou

verait des champs de culture de toute espèce; on y verrait dés moissonneurs occupés à récolter. Puis ce serait des laboureurs avec leurs charrues traînées par des bœufs que des toucherons conduisent avec leur aiguillon; puis des faucheurs, des faneurs et d'autres occupés à charrier des récoltes, à côté des prairies couvertes de bétail de toute espèce, des troupeaux de moutons avec leurs bergers et leurs chiens, des femmes occupées à tondre des moutons et d'autres à traire des vaches; enfin tous les détails d'une grande exploitation, jusqu'aux volatiles de la basse-cour. Un pareil tableau donnerait l'idée de ce qu'est l'agriculture à des milliers de visiteurs qui ne l'ont jamais vue. Ils y apprendraient sans doute que l'agriculture est le premier état de l'homme, le plus utile aux besoins d'une nation. Elle pourrait donner à des milliers de personnes le désir d'être cultivateurs. L'agriculture donne la vie paisible et la santé, elle conduit à l'union et au bonheur dans les familles. La vie du cultivateur est libre comme l'air. Il n'a besoin que de la protection du chef de la nation et de Celui qui gouverne les saisons. Un gouvernement est heureux et fort quand les vivres sont à bon marché, car alors le peuple est paisible et content. Espérons que, sous le règne si prospère de Napoléon III, l'agriculture trouvera enfin un protecteur dans le chef de l'Etat.

Mon grand-père était cultivateur, mon père était

un des plus grands cultivateurs de France. Il a commandé à une grande exploitation d'agriculture de 16 à 1,700 hectares de terre ; il a possédé 2,000 à 2,500 têtes de gros bétail. Il a été un des cultivateurs les plus entendus de son temps, et, quoiqu'il se soit écoulé les trois quarts d'un siècle, il reste dans le pays des souvenirs de ses bienfaits.

Je m'honore d'avoir, dès mon enfance, suivi l'état de mes pères. Dans l'emploi de ma longue carrière, l'agriculture a tenu le premier rang dans mes grandes occupations. Le détail que je donne prouvera que j'ai été l'ami des grandes choses et des innovations.

FIN.

PARIS. — IMPRIMERIE DE WALDER, RUE BONAPARTE, 44.

www.ingramcontent.com/pod-product-compliance
Lightning Source LLC
Chambersburg PA
CBHW050747070726
47597CB00009B/4114